ÁPIS DIVERTIDO

HISTÓRIA

ESTE MATERIAL PODERÁ SER DESTACADO E USADO PARA AUXILIAR O ESTUDO DE ALGUNS ASSUNTOS VISTOS NO LIVRO.

5º ANO
Ensino Fundamental

NOME: _____ TURMA: _____

ESCOLA: _____

editora ática

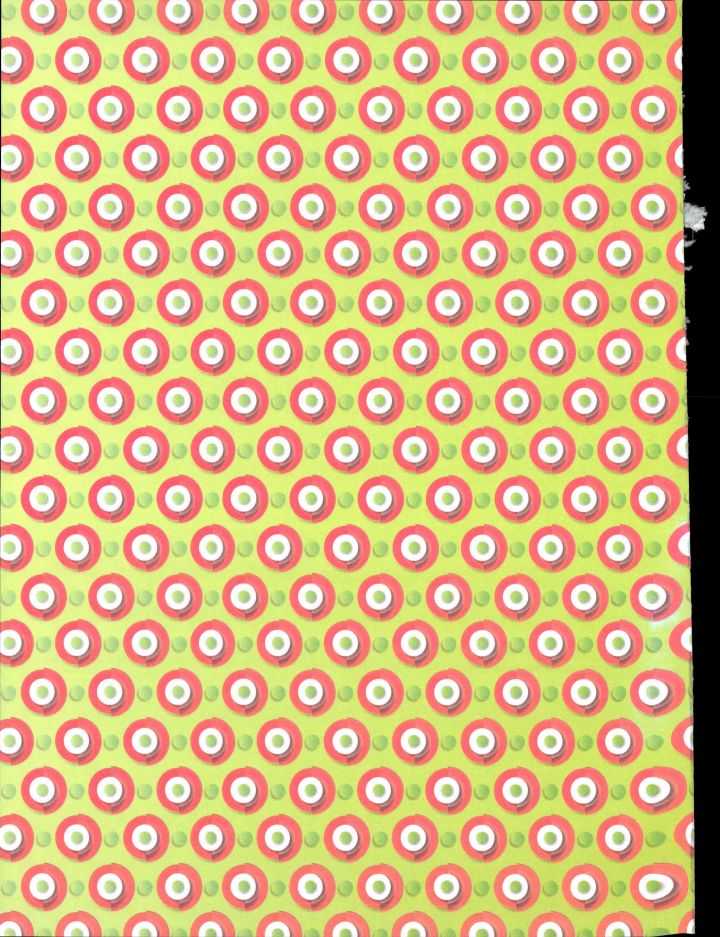

Jogo Vida na aldeia

Antes de começar o jogo **Vida na aldeia**, destaque as cartas que serão utilizadas.

Esta atividade pode estar relacionada a animais como tucunarés, aruanãs e traíras.

Resposta: PESCA

Esta atividade pode estar relacionada a animais como macacos, pacas e tatus.

Resposta: CAÇA

Esta atividade é realizada trançando-se fibras vegetais.

Resposta: CESTARIA

A argila é um material utilizado para a realização desta atividade.

Resposta: CERÂMICA

Esta atividade é feita no próprio corpo humano.

Resposta: PINTURA CORPORAL

Os tabuleiros e as regras dos jogos estão no final do **Ápis divertido**.

Reprodução proibida. Artigo 184 do Código Penal e Lei 9.610, de 19/2/1998.

Jogo Vida na aldeia

Mudanças climáticas estão prejudicando esta atividade.

Resposta: CAÇA/ PESCA

O anzol é uma das ferramentas utilizadas nesta atividade.

Resposta: PESCA

Esta atividade é praticada em rios próximos à aldeia.

Resposta: PESCA

Venenos vegetais podem ser utilizados na realização desta atividade.

Resposta: PESCA

Um material muito utilizado nesta atividade é a semente do urucum.

Resposta: PINTURA CORPORAL

O arco e a flecha são ferramentas utilizadas nesta atividade.

Resposta: CAÇA/ PESCA

Reprodução proibida. Artigo 184 do Código Penal e Lei 9 610, de 19/2/1998.

Jogo Vida na aldeia

Esta atividade é muito importante para a alimentação da aldeia.

Resposta: CAÇA/ PESCA

O arco e a flecha podem ser utilizados nesta atividade.

Resposta: CAÇA/ PESCA

Armadilhas também são utilizadas nesta atividade.

Resposta: CAÇA/ PESCA

Um material preparado com jenipapo é muito utilizado nesta atividade.

Resposta: PINTURA CORPORAL

Nesta atividade são criados objetos de diferentes formatos.

Resposta: CERÂMICA/ CESTARIA

Esta atividade pode servir para a criação de objetos.

Resposta: CERÂMICA/ CESTARIA

Jogo Vida na aldeia

Os objetos criados com esta atividade apresentam características próprias da etnia que os fabricou.

Resposta:
CERÂMICA/
CESTARIA

A taquara e a folha de palmeira são algumas das matérias-primas utilizadas nesta atividade.

Resposta:
CESTARIA

Alguns objetos criados com esta atividade são de uso doméstico.

Resposta:
CERÂMICA/
CESTARIA

Esta atividade pode ser classificada como um trabalho artesanal.

Resposta:
CERÂMICA/
CESTARIA

Um dos objetivos desta atividade é a criação de esculturas.

Resposta:
CERÂMICA

Um dos objetivos desta atividade é a criação de instrumentos.

Resposta:
CERÂMICA

Jogo Vida na aldeia

Um dos objetivos desta atividade é a criação de vasos e outros utensílios.

Resposta: CERÂMICA

Esta atividade pode criar objetos para armazenar água e alimentos.

Resposta: CERÂMICA

Esta atividade pode ser classificada como uma expressão artística do povo que a realiza.

Resposta: CERÂMICA/ CESTARIA/PINTURA CORPORAL

Para cada evento diferente, esta atividade cria um desenho distinto.

Resposta: PINTURA CORPORAL

Esta atividade costuma ser realizada em comemorações e rituais.

Resposta: PINTURA CORPORAL

Nesta atividade são utilizadas tintas naturais, originadas de árvores e frutos.

Resposta: PINTURA CORPORAL

Jogo Vida na aldeia

Destaque os peões e o dado que serão utilizados no jogo **Vida na aldeia**.

Legenda:

 Dobre.

Cole.

Peão montado:

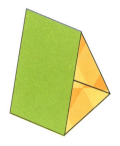

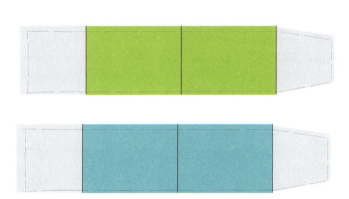

Dado montado:

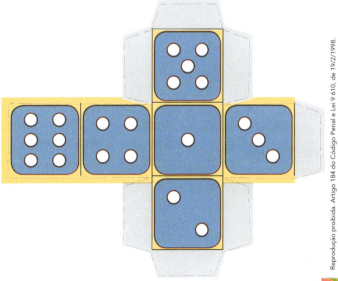

🍎 Cruzadinha do conhecimento

Para brincar com a **Cruzadinha do conhecimento**, destaque as cartas desta página e as peças das páginas seguintes.

Cruzadinha do conhecimento

Cruzadinha do conhecimento

Cruzadinha do conhecimento

Cruzadinha do conhecimento

Cruzadinha do conhecimento

Cruzadinha do conhecimento

Cruzadinha do conhecimento

Cruzadinha do conhecimento

Cruzadinha do conhecimento

Cruzadinha do conhecimento

Cruzadinha do conhecimento

Cruzadinha do conhecimento

Cruzadinha do conhecimento

A	A	A	A	A	A	A	A
A	A	A	A	B	B	B	B
C	C	C	C	C	C	C	C
D	D	D	D	D	D	D	D
E	E	E	E	E	E	E	E
E	E	E	F	F	F	F	F
F	F	G	G	G	G	G	G
H	I	I	I	I	I	I	I
I	I	I	J	J	J	J	K
L	L	L	L	L	M	M	M
M	M	M	M	M	N	N	N

Cruzadinha do conhecimento

N	N	N	N	N	O	O	O
O	O	O	O	O	O	O	O
O	O	O	O	O	O	O	P
P	P	P	P	Q	R	R	R
R	R	R	R	S	S	S	S
S	S	S	S	T	T	T	T
T	T	T	U	U	U	U	U
U	U	V	V	V	V	V	V
V	W	X	Y	Z	Z	Z	Z

Respostas

1. Unesco.
2. Nômade.
3. Povo.
4. Brasília.
5. Frevo.
6. Depoimento.
7. Gizé.
8. Cultura.
9. Ostracismo.
10. Monumento.
11. Jongo.
12. Coivara.

Jogo Vida na aldeia

Vamos descobrir algumas das principais atividades realizadas pelos indígenas em uma aldeia? Comece a jogar e bom divertimento!

Quantidade de jogadores
- 2 ou 3

Como jogar
- Destaque as cartas, os peões e o dado das páginas 3, 5, 7, 9, 11 e 13.
- Separe as cartas em dois montes – as que têm ponto de interrogação no verso em um monte, e as que **não** têm ponto de interrogação em outro – e coloque-os sobre os locais indicados no tabuleiro.
- Posicione os peões dos jogadores no "início" do tabuleiro e jogue o dado para ver quem começa o jogo; quem tirar o maior número começa.
- Cada jogador deve lançar o dado e andar o número de casas correspondente.
- Quando o jogador da vez cair em uma casa com ponto de interrogação, o jogador à sua esquerda deve ler a afirmação da primeira carta da pilha **com** ponto de interrogação. Se o jogador da vez acertar qual é a atividade que corresponde à dica da carta, ele continua onde está. Se errar, ele deve voltar o número de casas que tirou no dado.
- Quando um jogador chegar ao "fim" do tabuleiro, o jogador à sua direita deve ler a afirmação da primeira carta da pilha **sem** ponto de interrogação. Se o jogador acertar o nome da atividade sugerida na dica, ele ganha a partida. Se errar, ele deve voltar para a casa em que estava anteriormente, e a partida continua.

Perguntas

1. Órgão da Organização das Nações Unidas (ONU) responsável por desenvolver a educação, a ciência e a cultura.
2. Pessoa cujo modo de viver é deslocando-se de um lugar para outro.
3. Conjunto de pessoas ligadas por traços culturais.
4. Cidade brasileira fundada em 21 de abril de 1960.
5. Gênero musical brasileiro considerado patrimônio cultural da humanidade.
6. O mesmo que testemunho, declaração.
7. Quéops, Quéfren e Miquerinos são os nomes das pirâmides de _____.
8. Conjunto de realizações materiais e imateriais de um povo.
9. Processo em que um político da Grécia antiga era banido por 10 anos.
10. Construções que homenageiam alguém ou algo considerado importante.
11. O que o jongueiro dança ou canta.
12. Técnica indígena para fazer plantação.

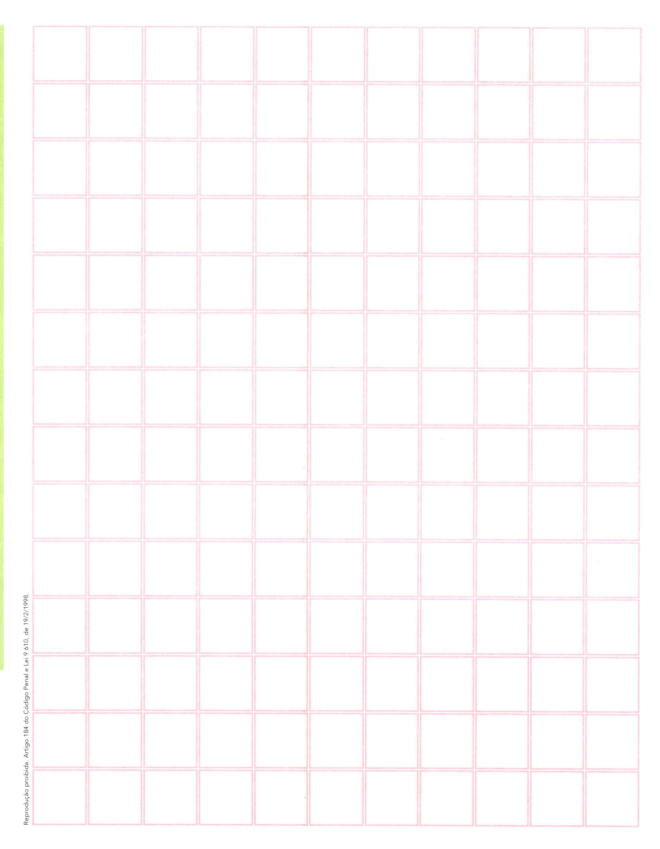

Cruzadinha do conhecimento

Papel e caneta em mãos para escrever suas respostas? Tabuleiro montado? Cartas embaralhadas? Então, valendo!

Quantidade de jogadores

- 2 a 3

Como jogar

- Destaque as cartas, as peças e a ficha de respostas das páginas 15, 17 e 19.
- Embaralhe as cartas e divida-as igualmente pelo número de jogadores.
- As perguntas da cruzadinha são numeradas e os números das cartas sorteadas no início do jogo correspondem às perguntas que cada jogador terá de responder.
- O jogador que estiver com o número 1 começa a partida. Ele deve responder à pergunta, com as letras destacadas, no espaço quadriculado do tabuleiro, na ordem que desejar. As respostas podem ser conferidas com a ficha de respostas.
- Assim que for montada a resposta da pergunta, é a vez do jogador à sua direita. Ele deve checar sua resposta com a(s) palavra(s) que já está(ão) no tabuleiro. Se isso não for possível, ele deve passar a vez ao jogador à sua direita.
- O primeiro a responder a todas as suas perguntas é o vencedor.

CADERNO DE ATIVIDADES

HISTÓRIA

5º ANO
Ensino Fundamental

NOME: _____ TURMA: _____
ESCOLA: _____

Sumário

Unidade 1 ▶ Os povos e as culturas 3
Unidade 2 ▶ A formação da cidadania 6
Unidade 3 ▶ Cultura e transmissão de saberes 11
Unidade 4 ▶ Patrimônio, história e memória 17

Neste caderno, você vai realizar muitas atividades sobre assuntos tratados no seu livro. Esperamos que você goste das atividades e aprenda muito com elas. Bom trabalho e mãos à obra!

Unidade 1

Os povos e as culturas

1 A ocupação do planeta por seres humanos foi uma grande aventura que aconteceu em três grandes levas que partiram da África, onde eles surgiram. Leia o texto abaixo.

A grande aventura do ser humano

A ocupação da Terra se processou em três levas sucessivas, todas elas tendo a África como ponto de partida. Dispomos apenas de uns poucos fósseis para reconstituir os acontecimentos que tiveram lugar ao longo de mais de 2 milhões de anos. O primeiro grande explorador que deixou o berço africano foi o *Homo erectus* (homem ereto). Há 2 milhões de anos, a seca que castigava a África o obrigou a partir. Esse corajoso andarilho passou, sem dúvida, pelo Oriente Médio, e depois pelo Cáucaso. Em seguida o encontramos na Ásia, na China e na Indonésia.

Um milhão de anos depois, uma segunda leva de desbravadores chegou à Europa ocidental, passando ou pelo norte da África, ou pelos Balcãs. Já a ocupação do Norte europeu, onde o frio ainda era muito intenso, só começou 500 mil anos atrás. O domínio do fogo foi um progresso decisivo, que contribuiu, em muito, para o homem alcançar e habitar essas regiões.

Atribui-se a ocupação total de nosso planeta a nosso ancestral direto, o *Homo sapiens*, que surgiu na África há uns 200 mil anos. Os fósseis encontrados mostram que ele esteve no Oriente Médio (há 100 mil anos) e na Ásia. Seu talento de navegador lhe permitiu conquistar terras até então inexploradas, como a Austrália. Ele demorou a chegar à Europa ocidental (há 40 mil anos) [...].

SWINNEN, Colette. **A pré-história passo a passo**. São Paulo: Companhia das Letras, 2010. p. 22-23.

a) Leia novamente o texto e circule todas as datas citadas.

b) Agora, sublinhe no texto o trajeto das três levas de ocupação da Terra. Escolha três diferentes cores, uma para cada leva.

c) Observe a linha do tempo abaixo que representa as três levas de ocupação da Terra a partir da África. Complete-a com informações do texto.

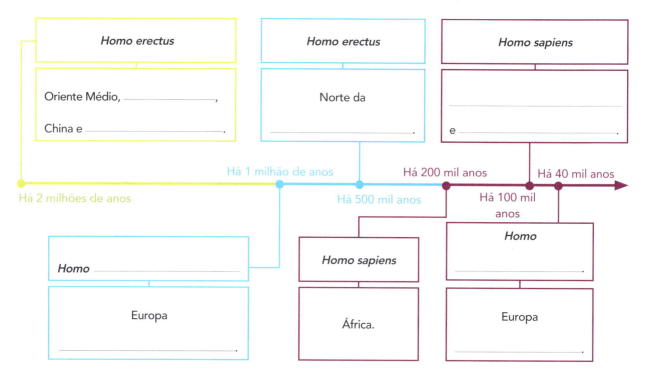

d) Por fim, desenhe no mapa abaixo o trajeto de cada uma das três levas.

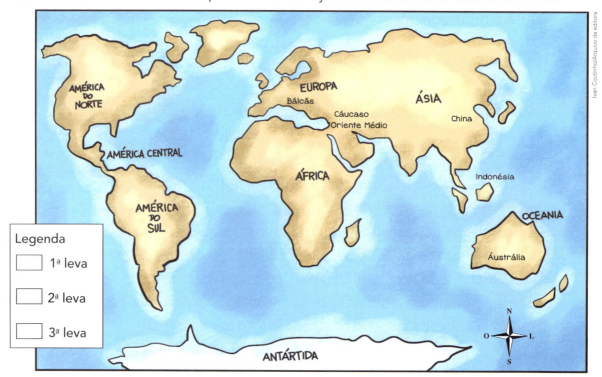

2 Você já ouviu falar em sincretismo religioso? E em diversidade religiosa? Que tal conhecer um pouco mais o assunto? Leia o texto a seguir.

Religiões e crenças

A mistura de raças e crenças em nosso país foi uma realidade e gerou riqueza e diversidade nas manifestações religiosas brasileiras. Este fato é conhecido como sincretismo religioso.

A influência religiosa africana, trazida pelos escravos, por exemplo, permanece até hoje com o candomblé, devidamente adaptado a nossas comunidades. [...]

Essa religião possui entidades protetoras chamadas de orixás. Segundo a crença, cada pessoa possui um orixá, ou santo protetor. [...]

Certas superstições são praticadas em algumas épocas do ano e estão relacionadas a festividades católicas, como a quaresma e as festas juninas.

Com o catolicismo, o costume de acender fogueiras permaneceu para festejar os santos, e as noites festivas passaram a ser consideradas encantadas, ideais para a prática de certas superstições. [...]

O costume de organizar cortejos para as cerimônias religiosas também existe nos rituais indígenas. Caminhar ou dançar formando filas e rodas significa compartilhar e estar envolvido com a comemoração. [...]

As figuras geométricas dos desenhos indígenas possuem um significado sagrado. Essas formas são utilizadas nas pinturas corporais, nas cerâmicas, nos totens e também servem para identificar diversas tribos.

ROSA, Nereide Schilaro Santa. **Religiões e crenças**. São Paulo: Moderna, 2001. p. 14, 20, 24 e 25.

a) Com base na leitura do texto, marque se os itens abaixo são verdadeiros (**V**) ou falsos (**F**).

☐ Sincretismo religioso é a mistura de crenças que gerou diversidade nas manifestações religiosas brasileiras.

☐ O candomblé é uma religião de origem africana.

☐ Nos rituais das religiões africanas as formas geométricas dos desenhos possuem um significado sagrado.

b) Você já foi a uma festa junina? Havia fogueira ou não? Leia novamente o texto e responda: A qual religião as festas juninas estão relacionadas?

Unidade 2
A formação da cidadania

1 O acarajé é um dos quitutes mais tradicionais da culinária baiana e um patrimônio cultural brasileiro. Sua receita foi trazida para o Brasil por africanos escravizados. Aqui, a receita sofreu modificações e outros ingredientes foram sendo incorporados.

Você já comeu acarajé? Sabe com que ingredientes ele é feito? Vamos descobrir?

a) Circule na ilustração acima o ingrediente de origem animal.

b) Assim como a receita do acarajé, muitos dos ingredientes com os quais ele é feito são originários da África. É o caso do quiabo, do azeite de dendê e do feijão-fradinho. Outros, porém, são naturais da América. Para descobrir quais são eles, leia as pistas:

- É uma leguminosa, rica em vitamina E, com alto teor calórico. Em tupi, é chamada **mani**, que significa "enterrada", porque cresce embaixo da terra úmida.

- É uma oleaginosa rica em vitamina C que deriva de uma planta originária da região litorânea do Brasil. Empregada na fabricação de sucos, doces e sorvetes, também é muito utilizada como petisco, depois de torrada.

_____

2 Com apoio de um adulto que mora com você, escolha uma manifestação cultural do local onde você vive que seja marcada pela diversidade cultural. Pode ser uma dança, uma festa popular, uma celebração religiosa, um tipo de artesanato ou uma receita de um prato típico, por exemplo.

a) Faça um desenho ou cole uma imagem dessa manifestação cultural escolhida.

b) Pesquise a história dessa manifestação cultural e produza um texto seguindo este roteiro:

- Qual é a sua origem (como, quando e por que surgiu)?

- Quais são as culturas envolvidas (indígena, africana e europeia)?

- Havia conflitos entre essas culturas no período em que essa manifestação cultural teve origem? Quais?

- Houve mudanças na preparação ou apresentação dessa manifestação cultural desde sua origem? Quais?

- Hoje em dia, essa manifestação cultural corre o risco de desaparecer? Por quê?

3 Você já sofreu ou presenciou algum tipo de *bullying*? Essa prática é muito nociva e deve ser combatida por todos nós. Vamos aprender como lidar com isso caso ela aconteça?

a) Leia as frases abaixo e assinale somente as alternativas que indicam modos adequados de lidar com o *bullying* na escola.

☐ Conversar com colegas e familiares sobre o assunto, propondo às pessoas que reflitam sobre essa prática e o mal que ela causa a todos.

☐ Ser forte e aguentar o *bullying* sozinho(a).

☐ Aprender a identificar quando alguem está fazendo ou sofrendo *bullying*.

☐ Procurar ajuda de adultos, tanto de familiares quanto de professores, coordenadores e diretores da escola.

☐ Exigir que a escola expulse os alunos perseguidores.

b) Você tem outra sugestão para lidar ou acabar com essa prática? Escreva abaixo.

_____

_____

_____

_____

_____

_____

_____

_____

_____

4 Todos nós, cidadãs e cidadãos brasileiros, temos os mesmos direitos e deveres. Leia a letra da canção "Deveres e direitos" e responda às questões.

Deveres e direitos

Crianças, iguais são seus deveres e direitos.
Crianças, viver sem preconceito é bem melhor.
[...]
Vamos todos juntos brincar.
[...]
Meninos e meninas,
Não olhem raça, religião nem cor.
Chamem os filhos do bombeiro,
Os dois gêmeos do padeiro
E o caçula do doutor.
[...]
Meninos e meninas,
Não olhem cor nem raça ou religião.
Bons amigos valem ouro,
A amizade é um tesouro
Guardado no coração.

TOQUINHO. Deveres e direitos. In: ____. **Canção de todas as crianças**. [s.l.]: Universal, 1987. 1 CD. Faixa 1.

a) Do que trata a letra da canção?

_____
_____
_____

b) Você concorda com a letra da música quando ela diz que "viver sem preconceito é bem melhor"? Por quê? Como você explicaria o que é preconceito?

_____

_____

_____

5 A democracia é uma forma de governo inventada pelos gregos há mais de 2500 anos e que, na atualidade, apresenta algumas diferenças em relação ao modelo grego. Marque **G** para as frases que dizem respeito à democracia grega e **A** para as que se relacionam com a democracia brasileira na atualidade.

☐ Apenas homens adultos e livres eram considerados cidadãos.

☐ Toda pessoa nascida no país é considerada cidadã.

☐ Os cidadãos votam em políticos que têm a função de representar os interesses desses cidadãos nas discussões e decisões sobre a vida coletiva.

☐ Os cidadãos participavam diretamente das discussões e decisões sobre a vida coletiva.

6 De acordo com o que você já estudou, a escravidão deixou marcas na sociedade brasileira. Cite uma dessas marcas.

_____

_____

_____

_____

_____

_____

_____

Unidade 3

Cultura e transmissão de saberes

1) Se levarmos em conta a história de toda a humanidade, veremos que poucos povos desenvolveram a linguagem escrita. Os maias, da América Central, estão entre esses povos.

Vamos conhecer um pouco a escrita maia?

Escrita dos Maias, o fim do mistério

[...] dois competentes estudiosos da escrita maia [...] acreditam que nos próximos anos será possível ter uma ideia mais precisa da sociedade maia, graças aos progressos na arte de decodificar sua escrita. "Metade dos símbolos para as sílabas já foi decifrada." Esses curiosos sinais representam um pequeno grupo de letras como "wi" e "tsi", componentes da palavra "wits", que significa "colina". Ou como "a", "ha" e "wa", que formam o termo "ahaw", empregado para designar "senhor de terras" ou "governante". Ao lado dos caracteres silábicos, os maias empregavam também formas logográficas, isto é, desenhos completos para representar uma palavra. O termo "senhor de terras", por exemplo, também podia ser escrito com um simples desenho, na forma de uma face. Assim, a comparação das figuras com as palavras abre uma brecha maior para a compreensão de ambos.

Escrita dos Maias, o fim do mistério. Disponível em: <https://super.abril.com.br/historia/escrita-dos-maias-o-fim-do-misterio/>. Acesso em: 21 nov. 2019

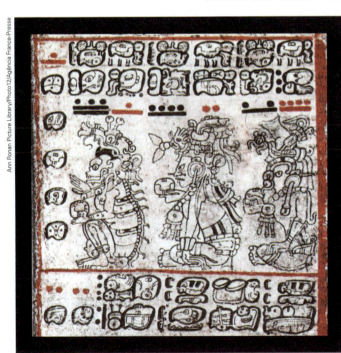

A maioria dos documentos escritos em língua maia foi destruída com a conquista espanhola no século XVI. Apenas três livros manuscritos, conhecidos como códices maias, foram preservados. A imagem ao lado faz parte do códice maia que se encontra na Biblioteca da Universidade Técnica de Dresden, Alemanha, e é conhecido como **Códice de Dresden**.

a) De acordo com o texto, como era o sistema de escrita maia?

_____

_____

_____

b) Agora, crie uma linguagem baseada na escrita maia, ou seja, que combine sinais e símbolos ou apenas sinais para representar as letras do alfabeto e desenhos completos para representar palavras.

2 Muitos povos preservam suas tradições e memórias transmitindo-as oralmente por meio de histórias. Leia o texto para responder às questões.

Há muito tempo,
num antigo país da África,
dezesseis príncipes negros trabalhavam juntos
numa missão da mais alta importância para seu povo,
povo que chamamos de ioruba.
Seu ofício era colecionar e contar histórias.
O tradicional povo ioruba acreditava que tudo na vida se repete.
Assim, o que acontece e acontecerá na vida de alguém
já aconteceu muito antes a outra pessoa.
Saber as histórias já conhecidas, as histórias do passado,
significava para eles saber o que acontece
e o que vai acontecer na vida daqueles que vivem o presente.
Pois eles acreditavam que tudo na vida é repetição.
E as histórias tinham que ser aprendidas de cor
e transmitidas de boca em boca, de geração a geração,
pois, como muitos outros velhos povos do mundo,
os iorubas antigos não conheciam a palavra escrita.

> PRANDI, Reginaldo. **Os príncipes do destino**: histórias da mitologia afro-brasileira.
> São Paulo: Cosac Naify, 2001. p. 5-6.

a) O que significa transmitir uma história oralmente?

_____

_____

_____

_____

b) Segundo o texto, "dezesseis príncipes negros trabalhavam juntos numa missão da mais alta importância para seu povo". Que missão era essa?

_____

_____

_____

_____

c) Por que essa missão era importante para o povo dos "dezesseis príncipes negros"?

_____
_____
_____

d) Como se chamava o povo dos "dezesseis príncipes negros"?

_____
_____

e) Com a ajuda de um adulto que mora com você, faça uma breve pesquisa sobre o povo ioruba. Você deve descobrir em que região da África esse povo vivia e indicar a sua localização aproximada no mapa abaixo.

Fonte: SIMIELLI, Maria Elena Ramos. **Geoatlas**. São Paulo: Ática, 2019. p. 63.

3. No Brasil, uma pessoa é considerada indígena quando ela se declara ou se identifica como membro de uma comunidade ou de um povo indígena. O autor do texto abaixo, que é do povo Munduruku, afirma que, quando criança, não gostava de ser chamado de "índio". Vamos descobrir por quê?

A raiva de ser índio

A gente não pede para nascer, apenas nasce. Alguns nascem ricos, outros pobres; outros brancos, outros negros; uns nascem num país onde faz muito frio, outros em terras quentes. [...] O fato é que, quando a gente percebe, já nasceu.

Eu nasci índio. Mas não nasci como nascem todos os índios. Não nasci numa aldeia [...]. Eu nasci na cidade. Acho que dentro de um hospital. E nasci numa cidade onde a maioria das pessoas se parece com índio: Belém do Pará.

Nasci lá porque meus pais moravam lá. [...]

Meus pais tinham ido para Belém [...], uma vez que já não era tão fácil viver na aldeia e eles sonhavam com a cidade. Por isso meu pai aprendeu uma profissão: carpinteiro. Foi, e ainda é, um grande mestre nesse ofício.

[...]

Nós sempre moramos na periferia de Belém. Nossa maloca não era nossa e muitas vezes tivemos que mudar de lugar, de casa e de bairro. Foi uma época bem sofrida. Meus irmãos tiveram que ir trabalhar na cidade para ajudar nas despesas. Eu mesmo fui vendedor de doces, paçoca, sacos de feira, amendoim [...]. Fazia tudo isso com alegria. Eu era uma criança que gostava de fazer coisas novas.

Só não gostava de uma coisa: que me chamassem de índio. Não. Tudo menos isso! Para meu desespero, nasci com cara de índio, cabelo de índio (apesar de um pouco loiro), tamanho de índio. Quando entrei na escola primária, então, foi um deus nos acuda. Todo mundo vivia dizendo: "Olha o índio que chegou à nossa escola".

Meus primeiros colegas logo se aproveitaram pra me colocar o apelido de Aritana. [...]

Daniel Munduruku. Fotografia de 2014.

E por que eu não gostava que me chamassem de índio? Por causa das ideias e imagens que essa palavra trazia. Chamar alguém de índio era classificá-lo como atrasado, selvagem, preguiçoso. E, como já contei, eu era uma pessoa trabalhadora que ajudava meus pais e meus irmãos e isso era uma honra para mim. Mas era uma honra que ninguém levava em consideração. Para meus colegas só contava a aparência... e não o que eu era e fazia.

MUNDURUKU, Daniel. A raiva de ser índio. In: **Meu avô Apolinário**: um mergulho no rio da (minha) memória. São Paulo: Studio Nobel, 2001.

a) Quem chamava Daniel Munduruku de índio? E por quê?

b) Por que Daniel não gostava que o chamassem de índio?

c) Na sua opinião, o que é ser índio, afinal?

d) No texto, Daniel comenta que os seus primeiros colegas logo o apelidaram.

- Que apelido era esse?

- Você acha que colocar um apelido em alguém é uma atitude saudável? Por quê?

Unidade 4 — Patrimônio, história e memória

1. O Cais do Valongo, na cidade do Rio de Janeiro, foi declarado patrimônio da humanidade pela Unesco em 2017. É sobre ele que a inglesa Maria Graham tratou no texto abaixo, escrito no século XIX. Leia o texto e observe a imagem para responder às questões.

> Vi hoje o Val Longo [Valongo]. É o mercado de escravos do Rio. Quase todas as casas desta longuíssima rua são um depósito de escravos. Passando pelas suas portas à noite, vi na maior parte delas bancos colocados rente às paredes, nos quais filas de jovens criaturas estavam sentadas, com as cabeças raspadas, os corpos macilentos, tendo na pele sinais de sarna recente. Em alguns lugares as pobres criaturas jazem sobre tapetes, evidentemente muito fracos para sentarem-se. Em uma casa as portas estavam fechadas até meia altura e um grupo de rapazes e moças, que não pareciam ter mais de 15 anos, e alguns muito menos, debruçavam-se sobre a meia porta e olhavam a rua com faces curiosas. Eram evidentemente negros bem novos.
>
> GRAHAM, Maria. **Diário de uma viagem ao Brasil e de uma estada nesse país durante parte dos anos de 1821, 1822 e 1823**. São Paulo: Cia. Ed. Nacional, 1956. p. 254-255.

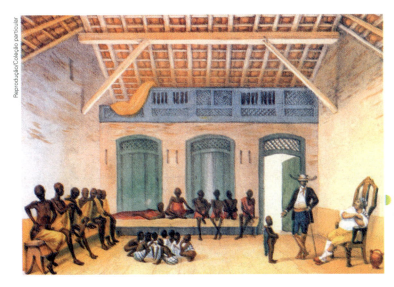

Mercado da rua do Valongo, de Jean-Baptiste Debret, 1834-1839 (litografia colorida à mão, de 49 cm × 34 cm).

a) Qual é o lugar representado na litografia? O que acontecia nesse lugar?

_____

_____

_____

b) O que era o Cais do Valongo no século XIX? Como a inglesa Maria Graham o descreveu?

c) O antigo Cais do Valongo foi aterrado em 1911. Um século depois, em 2011, começaram as obras de revitalização. Observe na fotografia ao lado como ele está hoje. O que mudou? Se achar necessário, faça pesquisas *on-line*, com apoio de um adulto que mora com você.

Visitante no Cais do Valongo, em 2017.

d) Na sua opinião, por que o Cais do Valongo foi declarado patrimônio da humanidade?

e) Na sua opinião, é importante declarar o Cais do Valongo um patrimônio da humanidade? Por quê?

2 Como o Cais do Valongo, as pirâmides do Egito são exemplos de patrimônio da humanidade. O texto a seguir explica por que alguns bens dizem respeito a toda a humanidade.

Cada comunidade [...] tem também o seu patrimônio: o conjunto de bens materiais e imateriais [...], que são, por várias razões, valiosos para a sobrevivência do grupo, ou seja, para que mantenha suas próprias características e tradições.

Pelo mesmo raciocínio, há bens patrimoniais que dizem respeito à população de toda uma nação e até mesmo a toda a humanidade.

Pirâmides no Planalto de Gizé, Egito. Foto de 2014.

As famosas pirâmides de Quéops, Quéfren e Miquerinos, por exemplo, são, ao mesmo tempo, patrimônio do povo egípcio, porque têm relação com sua história e estão em seu território, e são patrimônio da humanidade, pois representam uma notável realização humana.

[...] o chamado *patrimônio da humanidade* é constituído por patrimônios naturais ou culturais de qualquer país, que tenham importância histórica, artística ou arqueológica universal, ou seja, para toda a humanidade. Esses bens de patrimônio pertencem ao país onde se localizam, mas contam com a ajuda internacional para sua proteção.

MARTINS, Maria Helena Pires. **Preservando o patrimônio & construindo a identidade**. São Paulo: Moderna, 2001. p. 9-10.

a) Após a leitura do texto, explique, com suas palavras, por que alguns bens são declarados patrimônio da humanidade.

_____
_____

b) Agora, releia o texto e responda: O que é patrimônio?

_____
_____

3 Leia o texto para responder às questões.

Na região central da cidade de São Paulo, há um **largo** que se chama "Largo da Memória". Ele foi construído no ano de 1814, quando o governo determinou a construção de uma nova via de transporte e comunicação com o interior do estado. Além de um obelisco dedicado à "memória do **zelo** do bem público" – daí Largo da Memória –, construiu-se um chafariz no largo, para o fornecimento de água para os moradores da região e também para os tropeiros (e suas tropas) que adentravam a cidade pela nova estrada.

- **largo:** em um traçado urbanístico, área de dimensão mais espaçosa do que a(s) rua(s) que intercepta.
- **zelo:** grande cuidado.

Em 1872, o chafariz foi removido do largo e transferido para as proximidades da Estação da Luz, também na região central de São Paulo. Com a chegada dos trens e da via férrea à cidade, o transporte com burros e cavalos foi perdendo importância – assim como o largo sem o chafariz.

Em 1922, por ocasião do centenário da independência do Brasil, o largo foi reformado, ganhou um novo chafariz e foi reinaugurado com bastante pompa.

Largo da Memória. Fotografia de 1862.

Reinauguração do largo da Memória. Foto de 1922.

a) Leia novamente o texto e assinale todas as datas citadas. A seguir, organize-as na linha do tempo abaixo, com a data e o acontecimento a ela relacionado.

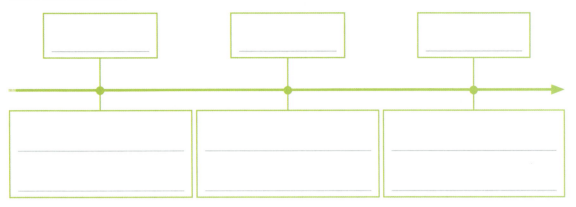

b) Observe novamente as imagens da página anterior. Há diferenças entre elas indicando transformações no lugar? Quais?

_____

_____

_____

_____

c) Considerando a foto abaixo, de 2016 do largo da Memória, você acha que ele pode ser considerado um patrimônio em perigo? Por quê?

Largo da Memória. Foto de 2016.

4 O Teatro de Bonecos Popular do Nordeste é considerado um patrimônio imaterial do Brasil. Você já ouviu falar? Leia o texto para responder às questões.

O registro como Patrimônio Cultural Imaterial justifica-se devido à originalidade e tradição dessa expressão **cênica**, repassada de mestre para discípulo, de pai para filho, de geração para geração. [....] por meio da arte dos bonecos, [**brincantes**] encenam histórias apreendidas na tradição que falam de relações sociais [...] da sociedade nordestina [...] das cores e da alegria que são **inerentes** ao seu contexto social.

cênica:
referente a cena; própria de uma apresentação teatral.

brincantes:
aqueles que brincam.

inerentes:
próprios ou característicos.

[...] A brincadeira é iniciada com a montagem da empanada, uma espécie de barraca. Em seguida, os brincantes se colocam na parte de trás e o espetáculo tem início com os bonecos em cena e a introdução de um texto poético, a loa. Além da narrativa, a peça contém elementos surpresas, muitas vezes sugeridos pelo mestre bonequeiro. Normalmente, as sugestões ocorrem a partir de conhecimento prévio sobre o público.

Teatro de Bonecos Popular do Nordeste. Disponível em: <http://portal.iphan.gov.br/pagina/detalhes/508/>. Acesso em: 22 nov. 2019.

a) Por que o Teatro de Bonecos Popular do Nordeste é considerado um patrimônio imaterial do Brasil?

---

b) Pesquise em livros, revistas e na internet imagens de teatro de bonecos no Brasil. Recorte e cole essas imagens, ou, se preferir, você pode reproduzir as imagens que encontrar.

5 As imagens a seguir retratam diferentes patrimônios da humanidade. Observe-as com atenção e indique se retratam bens materiais, bens imateriais ou bens naturais.

Arte rupestre de Chongoni, Malawi. Foto de 2015.

Arte têxtil de Taquile, Peru. Foto de 2015.

Parque Nacional de Yellowstone, Estados Unidos. Foto de 2017.

Monte Etna, Itália. Foto de 2016.

Ópera de Sydney, Austrália. Foto de 2016.

Passistas de frevo, Brasil. Foto de 2015.

🍎 Jogo dos 7 erros

A imagem abaixo representa uma baiana vendendo acarajé, produto típico da culinária afrobrasileira, da Bahia. Que diferenças existem entre as duas cenas? Identifique-as. Depois, com um **X**, assinale na segunda imagem cada diferença encontrada.